LES PAPINACHOIS
et les ancêtres

MICHEL NOËL • JOANNE OUELLET

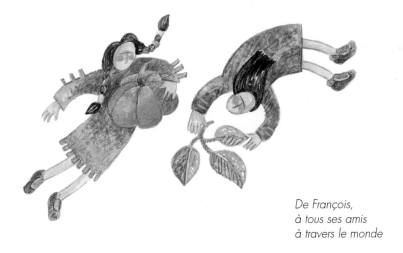

De François,
à tous ses amis
à travers le monde

DOMINIQUE ET COMPAGNIE

Le soleil est sur le point de se coucher.
— Soyez sages, les enfants,
dit doucement maman **Papinachois**.
Allez vous reposer.

Napéo **supplie** :
— Raconte-nous une histoire, papa.
Après, nous irons dormir.
— Oui ! Oui ! S'il te plaît, insiste Eskéo.

Papa Papinachois
consulte maman du regard
avant de dire oui à son fils.

Le visage de Napéo, rond comme la pleine lune, s'illumine aussitôt d'un grand sourire de bonheur.

Le jeune garçon reprend :
— Nos voisins du Nord sont différents de nous.
Ils ne parlent pas la même langue
et ne mangent pas la même nourriture.
Pourtant, nous les appelons nos frères.
Comment cela se fait-il ?
— Tu as raison, répond papa Papinachois,
ce sont nos frères
et nos amis.
Voici comment
les Anciens expliquent
nos différences…

Dans un passé très lointain, des hommes,
des femmes et des enfants semblables à nous
habitaient un pays couvert de glace et de neige.
Ils consacraient la plus grande partie
de leur temps à chasser des animaux **féroces**
afin de se nourrir et de se vêtir.

— Comment s'organisaient-ils pour vivre?
demande Napéo.

— Deux ou trois **clans** se regroupaient pour chasser
et voyager ensemble. Ils choisissaient leur chef
parmi les meilleurs chasseurs.

— Comme nous, constate Napéo avec fierté.

— C'est ça, comme les Papinachois.
Chacun d'eux devait accomplir des tâches
importantes et difficiles.

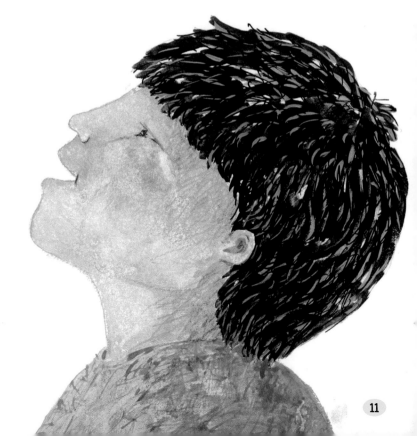

Papa Papinachois poursuit :
— Ainsi, les pères et les jeunes hommes
chassaient et construisaient des abris.

Les mères et les jeunes filles s'occupaient du logis, du feu, des repas et des vêtements.
Elles cueillaient aussi les plantes **comestibles**.

— Et les enfants?
Est-ce qu'ils travaillaient aussi? s'inquiète Eskéo.
— Bien sûr! Ils aidaient leurs parents.
Pendant les voyages, ce sont eux qui transportaient
le bois pour le feu ainsi que les bagages légers.
En grandissant, ils exécutaient
les mêmes travaux que leurs aînés.
— Il leur restait bien peu de temps
pour jouer, constate Napéo.

Papa Papinachois ajoute :
— Nos ancêtres ne savaient pas
cultiver la terre. En ce temps-là,
tous les peuples étaient **nomades**.
Ils voyageaient et se déplaçaient sans cesse
à la poursuite des animaux dont ils se nourrissaient.

L'hiver, ils chassaient dans les montagnes
et au printemps, ils descendaient dans les plaines.

L'été, ils changeaient à nouveau d'emplacement
pour aller pêcher dans des lacs situés encore plus loin.
Puis, ils gagnaient d'autres régions afin d'y cueillir
des fruits sauvages.

— Mais… nous vivons encore comme eux!
s'exclame Napéo, étonné par cette découverte.

— Eh oui, mon fils. Comme eux, nous parcourons
les territoires à pied, en canot et en raquettes.
Nous transportons nos biens sur notre dos
ou les traînons dans nos toboggans.

Grand-papa Papinachois précise :
— Les Algonquiens habitent dans des tentes
et, comme les tortues qui portent leur maison
sur leur dos, ils les transportent avec eux
lorsqu'ils se déplacent. Ils sont chez eux
partout où ils décident de s'arrêter.

Eskéo demande :
— Et les autres peuples, qui sont-ils ?
Papa Papinachois explique :
— Les Iroquoïens forment une autre grande famille.
Ils ont appris à cultiver la terre afin de récolter
du maïs, des courges, du tabac. Ces peuples ont cessé
de se déplacer et ils sont devenus sédentaires.
Ils habitent dans de grands villages où plusieurs clans
vivent ensemble dans de longues maisons.

Il nous arrive souvent de faire des échanges avec eux.

— Les Inuits font partie d'une autre importante famille,
ajoute grand-papa Papinachois. Il m'est arrivé
de les croiser quand je voyageais dans le Nord.
Ils chassent le **loup-marin**, la baleine et le **caribou**.
Les iglous dans lesquels ils habitent sont construits
avec des blocs taillés dans la neige.
En entendant cela, Eskéo frissonne comme une feuille
de bouleau prise dans le vent d'automne. Elle se dit que
la nuit doit être bien froide dans une maison de neige.

— **Yak! Yak**!

C'est Acham qui se manifeste en jappant bruyamment.
— C'est vrai, s'écrie grand-maman Papinachois
en riant, il ne faut pas oublier les chiens !
Depuis la nuit des temps, ils ont été
les fidèles compagnons de nos ancêtres
dans tous leurs déplacements.

— Merci Acham !
lancent Eskéo
et Napéo
d'une même voix.
Le petit chien noir
remue la queue
pour exprimer
son contentement.

Papa Papinachois se lève et résume son récit:
— Voilà! Vous savez maintenant qu'il existe
trois importantes familles amérindiennes.
Les Algonquiens vivent de chasse et de pêche ;
les Iroquoïens sont des agriculteurs ; les Inuits
chassent le phoque et la baleine dans les eaux
glacées du Grand Nord. Nous, les Papinachois,
appartenons à la famille algonquienne. Un jour,
je vous raconterai l'histoire des autres peuples
qui font aussi partie
de cette grande famille.

Les enfants vont se coucher,
la tête remplie d'images.

Ils rêveront de forêts vertes
et de lacs bleus, emmitouflés
jusqu'au nez dans leurs couvertures
en peau d'ours et de castor.

LA COULEUR DES MOTS

caribou : animal des régions nordiques appartenant à la famille des cervidés dont font aussi partie l'orignal, le wapiti et le cerf de Virginie. Sa tête est ornée d'un panache.

clans : groupes de personnes qui viennent des mêmes ancêtres et qui vivent ensemble sur un territoire qui leur appartient.

comestibles : pouvant être mangés sans risques par les hommes.

consulte : demande l'opinion.

féroces : cruels, très dangereux.

loup-marin : aussi appelé « phoque commun ».

nomades : peuples qui n'ont pas d'habitation fixe et qui se déplacent pour se nourrir.

Papinachois : clan amérindien de la famille des Algonquiens réputé pour son caractère enjoué et accueillant qui habitait autrefois sur la côte nord du fleuve Saint-Laurent.

raquettes : sorte de grandes semelles tressées qu'on fixe sous les mocassins d'hiver pour marcher dans la neige sans s'y enfoncer.

sédentaires : qui vivent toujours au même endroit.

supplie : demande avec insistance.

toboggans : longs traîneaux amérindiens faits de planches minces recourbées à l'avant comme des skis.